JN439812

앞으로나란히

정홍진 시집

전 당 시 선

002

앞으로나란히

정흥진 시집

문학의전당

시인의 말

아직도
툭툭 불거져
내 몸 구석구석 스멀대는 물집들

아리기도 하고
미소 짓게도 하는
이야기들을

기쁘게 옮겨
적었을 뿐

2013년 가을날에
정홍진

차례

시인의 말

제1부 앞으로나란히

바닥 13
착한 미련 14
종업 15
딱지 16
동심 18
배롱나무 생각 19
소풍 20
눈 내리는 날의 풍경 21
신나는 수학시간 22
아주 어여쁜 편지 23
재밌는 가족 24
입학식 25
앞으로나란히 26
이름의 반란 28
청백계주 30

제2부 교실이 운다

크리스마스 33
스승의 날 34
왕따 36
혁준이 버리고 간 인형 38
체육시간 39
교실이 운다 40
오래된 풍금 42
담을 넘은 감나무 43
엄마의 선물 44
7080 도시락 46
먼저 온 아침 48
빙어 50
시 51
배구공 52
벽 54
즐거운 칠판 56

제3부 내 어린 날의 삽화

여자의 일생 59
나는 피고(被告) 60
성환 2012 62
달콤한 유혹 64
나뭇잎의 유서 65
백양나무가 있는 풍경 66
염전에 빠진 의자 67
가족 68
수박 70
문상 71
내 어린 날의 삽화 72
바라나시의 원숭이 74
어머니의 눈물 76
질그릇에 핀 꽃 77
먼 구원 78

제4부 마른 잎의 연가

홍도 81
명자꽃 82
은행잎이 지던 날 83
마른 잎의 연가 84
눈꽃 85
참새의 노래 86
산양 87
묵은지 88
소나무와 칡 90
수안보 벚꽃 터널 91
두 마음 92
옹달샘에 뜬 조롱박 93
닮았다 94
만천홍(滿天紅) 95
참선 96

해설 소란스러운 교실에서의 성찰(省察) 97
남승원(문학평론가)

제1부

앞으로나란히

바닥

그림일기 한 바닥 이상 써오기 숙제를 내주었다

다음날 숙제검사를 하는데
한 녀석이
내 손을 잡아끌기에 따라갔더니
운동장 한가운데
큰 오징어를 한 바닥 그려놓고
1년 치 숙제를 다 했다고 한다

착한 미련

고집쟁이 선영이가
머리카락 한 올을 들고 와
붙여달라며 운다
쉬는 시간에 친구에게 뽑힌 것이란다

눈물이 눈물을 먹고 자라듯
머리카락이
너의 눈물을 먹고 자랄 것이라고
타일러주었다

집으로 돌아갈 시간까지
선영이의 손에는 머리카락이
쥐여져 있었다

종업

교무실 탁자 위에 놓인 김빠진 설렁탕 앞에
어깨를 늘어뜨린 선생님들이 앉아
식은 수저를 든다

딱지

얼굴에 오선을 긋고
온몸을 비틀며
바지를 움켜잡고 쩔쩔매던 녀석이
눈치를 살피며
교실 밖으로 달려나간다

힐끔 뒤돌아보다가
이내 국어책을 큰소리로 읽는 아이들
책을 따라 읽히면서도
연신 복도 쪽 창문을 곁눈질한다
그때마다
아이들의 시선도 옮겨 다닌다

수업이 끝날 때쯤에야
머리를 긁적이며 들어오는 녀석
앞문으로 어기적어기적 제자리에 들어와 앉는다

뒤통수에 말라붙은

동전만 한 검붉은 딱지가
철없이 웃는다

가슴을 쓸어내릴 뿐
아무도 아무것도 묻지 않는다

동심

수업종이 울리고
영어책을 막 펴려는데
교실 뒤편에서 철수와 민수가 싸움을 하고 있다
오가는 주먹질과 발길질
저희들만의 액션영화를 찍고 있다
하도 어이가 없어 잠시 두고 보다가
둘을 떼어놓은 후
눈을 감고 서서 100을 세도록 하였다

후 아 유?(Who are you?)가
이름을 찾아갈 때쯤 뒤돌아보니
철수는 푸들처럼 끄덕끄덕 졸고
민수는 토끼처럼 질질 짜고 있다
서로 마주 보던 두 녀석들
누가 먼저라 할 것 없이
키득키득 웃었다
쳐다보던 친구들도 따라 웃었다
선생도 따라 웃었다

배롱나무 생각

저 어린 배롱나무는 무엇으로 말할까?

분홍 빛깔로 말할까?
바람으로 말할까?
눈으로 말할까?
가슴으로 말할까?

멀고도 가까운 나의 아이야!

제 그림자 속에 쪼그리고 앉아
자꾸 남의 눈치만 보는

저 어린 배롱나무와
수화(手話)로라도 내통하고 싶다

소풍

형형색색 예쁘장한 도시락을 펴놓고
끼리끼리 모여 앉은 아이들
김밥 속에 핀 꽃송이를 먹는다
꽃이 꽃을 먹는다

눈 내리는 날의 풍경

눈이 무더기로 온다
아이들이 쏟아져 나온다
아이들도 뛰고 눈도 뛴다

눈은 아이들의 눈동자를 밝힌다
학교 밖 유치원 마당에도
함박눈이 내리도록
눈의 등을 떠미는 아이들
무더기 함박눈이
마을 밖으로 몰려간다
온 세상이 넓어졌다

수업종이 울려도
들어갈 생각을 않는 아이들을
기다리다 지친 선생이
운동장에 나와
길게 하품을 한다

신나는 수학시간

바람이 π로 분다
비가 ∞로 내린다

여름내 그늘을 만들었던 회화나무의
생가지가 찢겨 덜렁거린다
이파리가 떨어져 달걀처럼 운동장을 구르고
뿌리는 튀어나와 퉁퉁 부었다

아이들은 그런 나무를 보고
기계체조를 한다고
리듬체조를 하는 것 같다고 한다

각양각색으로 떠들어대는
아이들을 물끄러미 바라보다
수학책을 덮고
나무를 따라 아이들과 함께
체조를 한다

아주 어여쁜 편지

선생님, 오늘은 학교 울타리 밖 고랑까지 청소를 했어요 연탄재와 쓰레기가 언덕이 되어 타고 넘는 아이들이 있거든요 쓰레기 더미 속엔 우리들이 쓰다버린 물건들이 여기저기 흩어져 있었어요 주인 이름이 적힌 물건들도 많이 있었고요 버려진 인형을 주워 머리를 따주고 세수를 시키니 방긋방긋 웃었어요 학용품은 같은 종류끼리 묶어서 〈주인찾기코너〉에 갖다 놓았어요 쓰레기를 다 치우고 나니 처음엔 짜증이 나고 힘들었지만 금세 기분이 좋아졌어요.

누군가 교탁 위에 두고 간 쪽지 한 장에
종일 발걸음이 가벼웠다

재밌는 가족

아들 녀석이
내 어릴 적 사진을 들여다보며
"나야, 나!"
대놓고 우긴다

TV리모컨을 만지작거리던 딸내미가
리모컨 속 '지우기'를 보며
제 이름 '지우'가 들어 있다고
또 우긴다

술에 취해 곯아떨어진 남편 대신
술병을 껴안고 잠이 든 나!
꿈속 어머니께서 소리치며 빈병을 뺏으려 하자
남편이라고 우겼다

우리는 우기기 가족!

입학식

아이보다 어른이 더 많은 입학식 운동장

누렁개가 끌고 온 리어카도 있고
장터에 내다팔 노랑병아리와 마늘쫑이 있고
머리만 한 손수건을 가슴에 달고
천둥벌거숭이처럼
이리 뛰고 저리 뛰는 아이들이 있다

네 줄로 세워놓으면
금세 여섯 줄을 만드는 어른들
여든한 번째 아이의 출석을 부를 때쯤
반은 누렁개와 놀고
반은 어른들과 논다

담장 밖
노란 저고리를 입은 개나리도
"저요, 저요!"
손을 든다

앞으로나란히

운동장 한가운데 아이들이 옹기종기 모여 있다
학생들을 목청 높여 부르다가
호각으로 삐삐대며 부르다가
생각났다는 듯이
앞으로나란히를 시킨다

얼떨결에 일어난 아이들 두 팔을 앞으로 쭉 편다
앞 친구의 등에 두세 명이 한꺼번에 팔을 들이미는 아이들
아무도 없는 허공에 두 팔을 뻗는 아이들
팔들이 사방으로 뻗혀 있다
아이들은 그저 팔만 들어 올린 채
눈은 제각기 바쁘다

급한 마음이 운동장을 구른다
종이 울려도
앞으로나란히는 끝날 줄 모르고
줄은 점점 길어진다

아이들의 몸도 점점 굳어지자
한 아이가 바짓가랑이 사이로 오줌을 지린다
앙앙 울음을 터뜨린다

이름의 반란

아이들과 함께
화단에 야생화를 심는데 어디선가
"여기요, 여기요!"
하는 소리가 들렸다
돌아보니 초롱꽃이
마치 제 예쁜 이름을 자랑이라도 하듯
보랏빛 턱을 치켜들고
배시시 웃고 있다

개명을 하면
출석을 부르는 선생님마다
아들이 있느냐고 묻는 일 없을 테고
숙직할 남자 교사가 왔다고
좋아하다 실망하지 않아도 되고
남장에 상구머리 하는 일도 없을 것이라고
꼬드기듯이

그런데

함께한 시간이 자꾸 뒷발질을 한다
긴 이야기가 손사래를 친다
주눅들 필요가 없다고
하나뿐인 너라고

특허라도 내야 할까 보다

청백계주

운동회의 꽃은 청백계주 시간
출발을 알리는 신호음이 울리고
청백 두 편으로 나뉜 선수들이 달리기를 한다
응원석 아이들의 시선이
선수들의 호흡에 맞춰 움직인다
발도 따라 뛴다
상대편 응원소리에 질세라
손뼉을 치며 악다구니를 한다
온몸을 들썩이며 소리를 친다
선수들은 자웅을 겨루며
발이 엉킬 듯
마음이 엉킬 듯
가슴을 들이밀며 뛴다
몸이 단 선생도 선수를 따라 뛴다
본부석 교장선생님의 엉덩이도 뛴다
졸고 있던 노란 국화가
화들짝 만세를 부른다
즐거운 오후 세 시가 뛴다

제2부

교실이 운다

크리스마스

까치발로 기웃기웃
앞문부터 뒷문까지 빼빼 돌며 들여다보아도
유리창 너머 텅 빈 교실엔
보고 싶은 선생님 대신
방학식날 두고 간 신발주머니만 놓여 있다

선생님 드리려
접어 모은 종이학을 끌어안고
돌아오는 길은 더 추웠다

접다만 종이학이
자꾸 주머니 속에서 손바닥을 찔렀다

스승의 날

고삐 풀린 망아지처럼
하루에도 몇 번씩
나를 시험에 들게 하는 녀석이
갑자기
툭
용수철처럼 튀어나와
종이뭉치 쥐어주곤 저만치 달아난다

1학년 교과서 표지 찢어
삐뚤빼뚤 연필로 쓴
'사랑합니다'
ㅎ이 떨어져 나간 '조아합니다'

잃어버린 ㅎ을 찾아줘야 하는데
사랑하는 것은
부끄러운 게 아니라고 말해줘야 하는데
꽁무니가 닳도록
멀리 멀리 달아나버린

내 귀여운

망아지 한 마리

왕따

아이는 가방을 내던지고
풀밭에 벌렁 드러누워 하늘을 본다

며칠 전
친구들에게 얻어맞은 등이 욱신거린다
몸을 뒤쳐 모로 누우니
초딩이 털 났다고
강제로 뽑힌 겨드랑이가
또 얼굴을 찡그리게 한다

털은 아무 잘못이 없는데
친구들은 왜 못살게 구는 걸까

저 혼자
머리를 흔들다가

힘을 합해 먹이를 나르는 개미들을 본다
개미끼리는 서로 싸우지도 않고

괴롭히지도 않는데

내가 개미보다 못한가?
또 고개를 흔든다

혁준이 버리고 간 인형

혁준이가 갖고 놀던 곰 인형
바닷가 모래사장에
슬그머니 놓고 갔다

따개비와 놀고
소라게와 놀며
모래톱을 뒹구는 곰 인형

파란 물감을 풀어놓은
바다로 가기 위해
곰 인형은 파도의 손을 잡고 싶었지만

그때마다
파도가 손을 뿌리쳤다

체육시간

바닥에 매트를 깔고
두 다리와 팔을 하늘로 뻗어
손바닥과 발바닥도 하늘로 향해 벌리고
오래 머무르기 게임을 한다

땀을 뚝뚝 떨어뜨리며
얼굴을 찡그리고 몸을 트는 아이
한쪽 발을 잠시 내려놓았다가 다시 올리는 아이
두 발과 손을 내려놓고 쉬는 아이
몸을 비틀며 얼굴이 벌게지도록 떠는 아이

자기 몸이지만 자기 것이 아닌
팔과 다리를 허공에 맡기고
고통도 잊은 듯
몸과 마음이 하나가 된 듯
아이의 얼굴이 점점 환해진다
시간을 잊은 듯
코를 골고 자는 아이도 있다

교실이 운다

의자를 책상 위에 올려놓고 뒤로 끌다가 팽개치고
달리기 선수가 된 아이
그 뒤를 쫒으면서
먼지털이로 친구의 등을 터는 아이
책상과 책상을 마주 붙여놓고
들어앉아 책을 읽는 아이
교실 바닥에 책을 한 줄로 세워놓고
도미노 게임을 하는 아이
그 옆에서
씨름선수라도 된 듯 서로 밀치고 당기며 뒹구는 아이

머리 위로 걸레가
휙휙 날아가 유리창을 닦는다
천장에 매달린 선풍기가
녀석들이 던진 공에 맞아 혼자 돈다
쓰레받기와 빗자루가 할 일을 못 찾고 나뒹군다

교실이 운다

반장 아이가 운다
선생도 운다

오래된 풍금

건반 위
누가 써 붙였을까
비뚤비뚤 쓰여 있는 이름이
먼지 속에 묻혀 있다

아직도 건반 위에 누워 있는 음계
주인을 기다리는 듯 부시럭거린다

두 손을 건반 위에 얹으니
거친 숨을 토해낸다
깊고 맑은 소리로 답한다

그 아이,
아직 기다리나 보다

담을 넘은 감나무

빈 교정에 홀로 남은 감나무
인기척이 그리워
매일 담장 밖을 기웃거렸다
날아가 버린 까치가
자꾸 보고 싶어
왁자하던 아이들의 웃음소리가 그리워
마을 쪽으로 까치발을 한 채
가지를 뻗어갔다

오랜 겨울방학 끝
감나무는 휘어진 허리를 안고서
목이 삐뚤어졌다

엄마의 선물

방학이 끝나고
아이는
초록 물방울이 박힌 하얀 원피스를 입고
학교에 왔다

웃음을 잃은
열한 살 여자아이의 얼굴에
어울리지 않는
화려한 꽃무늬 물방울 원피스

여름이 다 가도록
때 묻어 번질번질해질 때까지
벗을 줄 모르고

하늘로 가버린
엄마의 유언에 따라
이모가 사준 물방울 원피스

아이의
떨어진 눈물방울로
원피스의 물방울이
동글동글 그려진다
물방울이 더 선명해진다

7080 도시락

쉬는 시간
살금살금 먹어치운
반만 남은 도시락

웅크린 달걀부침
빨간 김칫국물 물감처럼 번진
겉은 보리밥, 속은 쌀밥

지글지글 난로 위에서
뒤엉켜 몸싸움을 한다

4교시는
난로 위 양은도시락
옮기느라 가웃만 하고

김이 모락모락
정성도 모락모락

구수한 콧김과 함께
도시락 저 혼자
발그레 얼굴 붉힌다

먼저 온 아침

어디로 가느냐는
답 없는 물음을 뒤로하고
밥상을 못 본 척
바쁜 걸음으로 친구 방을 나왔으나
딱히 갈 곳 없는 아이의
발길이 닿은 곳
학교 담장 밑 느티나무 아래 수돗가였다

손바닥 가득 물을 담아
물로 배를 채운다
저 물을 다 퍼마시면 배고픔이 가실까

힘없이 쏟아지는 차가운 햇살이
아이의 얼굴에 마른버짐 꽃을 피운다
배고픈 꽃을 피운다

아름답지 않은 꽃도 있다는 것을
너무 일찍 알아버린

어느 가난한 아이의

먼저 온 아침

빙어

햇살이 뛴다
물결을 뒤집어쓰고 뛴다
바람보다 가볍게 뛴다
미끼도 없는데 뛴다
떼를 지어 뛴다
미친 듯이 뛴다
방향도 없이 뛴다
서로 몸을 비비며 뛴다
곤두박질치며 뛴다
물수제비처럼 뛴다
반짝이며 뛴다
속을 다 드러내고 뛴다

시

밤마다
겨드랑이를 긁었는데
그때마다
날개가 돋았던 것이다

날개를 펴고
샛별에 가보니
어린왕자가
사막을 헤매고 있었다
오아시스를 찾으러
어린왕자와 함께
밤새 돌고 또 돌았던 것이다

그때마다
받아 적은 이야기가
노래가 되었다

배구공

상대편 코트에서
하얀 배구공이 날아올 때마다
헛손질을 한다
자꾸 공을 놓친다
살짝 손끝에 닿기만 해도
멀리 달아나버린다

저 공을 살리려면
힘을 빼고 받아야 한다
즉시 되돌려야 한다

가슴으로 받아
오래오래 품에 안고 싶지만
그러지 말아야 할 때가 있다

저 공을 받기 위해
나는 얼마나 가벼워져야 할까

아무 생각 없이 쳐올린 공이
상대편 빈곳에 뚝 떨어진다

벽

두 시간째
주문(呪文)처럼
반사적으로
바둑알이 모아졌다 나뉘어졌다

나눗셈의 원리를
바둑알 대신 사탕 한 알 쥐어주고
슬그머니
부호를 도입하여 셈을 시켜본다
알딸딸한 표정으로
커다란 눈을 껌벅일 뿐
답을 구하지 못하는 아이
다급해진 마음에
직접 바둑알을 묶었다, 풀었다를 반복하며
설명하는데

먼저 문제를 푼 녀석들이
어깨너머에서

손가락 신호를 보내며
답을 재촉한다
슬슬 눈치를 보며
책상 안으로 빠져 들어가는 아이
온몸이 주리를 틀더니
눈가가 촉촉해진다

금방이라도 맺힐 눈물방울처럼
바둑알이 툭,
바닥으로 굴러 떨어진다

즐거운 칠판

종업식이 끝난 교실 칠판이 떠들썩하다
아이들은 칠판 속에 크리스마스트리를 만들어
큼직한 양말을 매달고
금박지로 만든 종과
형형색색의 별도 그려 넣는다
여백마다
깨알같이 써 내려간 이름 위로
하얗게 눈이 내리고
창밖 눈사람도 함께 놀고 싶은지
교실 안을 기웃거린다

제3부

내 어린 날의 삽화

여자의 일생

고양 꽃박람회장 본관 뒤편
그늘진 구석에서
저 혼자 뽀얗게 피어 있는 냉이꽃을 보았다
작은 꽃잎이 가여워
아무도 몰래 베르사체 콤팩트 속 거울에 담아왔다

콤팩트를 열면 냉이꽃이 달아날까 봐
하루 종일 화장을 하지 못했다

나는 피고(被告)

가끔 손에게 미안할 때가 있다

냉장고 한 대로 20여 년을 버티며
양말 꿰매 신기며 모은 돈
사기꾼의 화려한 혓바닥에 헌금하고 오던 날

남의 말에 이리저리 끌려 다니는
이 못난 육신의 주인에게
손은 불평 한마디 없이 바쁘기만 하다

거북이 등처럼 딱딱해진 손
분필가루를 뒤집어쓴 채
아이들의 투정도 다 들어주고
어린 눈물도 닦아준다
처진 어깨가 행여 세상사에 몽니를 부릴까
손은 손끼리 결속을 하여
주인의 기도를 대신하기도 한다

두 손에게 나는 언제나 피고(被告)

너무 오래 미안해서
말도 못하는

성환 2012

1

바람이 통하는 곳이면 요대기 들고 누울 자리를 찾는 네 자매

큰언니는 안방 바닥에
둘째언니는 마룻바닥에
셋째언니는 평상에 자리를 깔았다

하늘이 먹구름 속에 바람을 가두었나?
바닥에 닿은 살을 잡아당긴다

으음~ 신음소리가 안방 쪽에서 들려오고
이어서 마루 쪽에서도 응~
셋째언니도 못 견디겠다고 끙!
막내는 아예 잠들기를 포기하고
다시 TV를 켠다

2

벌겋게 달아오른 네 자매가

우물가로 달려가 물을 끼얹는다
바가지 속 물이 뜨겁다
맹꽁이 울음소리도 버들가지처럼 축 늘어지는데
큰언니 유두만은 더위를 먹지 않는지
봉긋 솟아 있다
몰래 숨어든 달빛 사이로
싸맨 몸을 뚫고나온 배가 희죽 웃는다

고향집 지붕이 숨을 헐떡인다

달콤한 유혹

화단에 버려진 꿀병 속에서
무언가 파닥거린다
안을 들여다보니
벌 한 마리가
유리병 안에서
이리저리 머리를 박고 있다
벽에 부딪칠 때마다
조금씩 날개에 묻는 꿀
날개와 날개가 붙어
나락으로 떨어진다

꿀의 유혹에 빠져
병 속으로 날아든 벌

최후의 만찬이 되었다
무덤이 되었다

나뭇잎의 유서

굴참나무 마른 이파리들이
참새 떼처럼 반짝인다

허공을 밟고 도약하는 참새들
원을 그리며 맴돌다가
바람에 부딪쳐 둥실 떠오른다

바닥에 닿으면 썩어문드러질 生들
먼저 진 이파리들을 내려다보며
다시 숨을 들이마신다

가벼워질 대로 가벼워진
나뭇잎의 유서가 허공에 그려진다

저마다 다른 생의 이파리들이
바스락거리며
공중을 난다

백양나무가 있는 풍경

뜬금없이 내리는 가을비가
목덜미를 적신다

법원 앞 횡단보도를
살점에 끌려가는 개 한 마리가
건너고 있다

천천히 젖어가는 백양나무가
죄 없는 잎사귀를
떨구고 있다

염전에 빠진 의자

염전에 버려진 의자가
한쪽 발을 처박고 잠들어 있다

파도가 앉았다가 간 빈 의자 위에는
석화와 미역줄기가 대신 앉아 있고
떨어진 팔걸이 아래에 신방을 차린
바다제비도 알을 낳았다

몸뚱이가 썩어가는 줄도 모르고
새 식구들을 들어앉히는
의자

염전 속으로 한없이 빠져들다
소금꽃을 피우고 있다

가족

새해 아침

3대 조부모님 기일과 부모님 형제분들 생일, 한식(寒食), 시제(時祭), 보름 명절까지 표시한 달력을 자식들에게 내미는 아버지

그 아버지의 자식 오남매가 둘러앉아 또 다른 달력에 똑같이 숫자에 동그라미를 치며 깨알같이 제목을 단다 달력 열두 장이 제각기 다른 사연으로 바쁘다

알록달록
달력에 그려진 동그라미를 보고
아이들은
폴짝폴짝 뛰고
당숙모는
한 달에 열흘은 사발농사를 지을 수 있어 좋겠다 하고
상황을 지켜보던 며느리들
잽싸게 달력을 말아 묶는데
숫자 위에 쳐진 동그라미가

삐죽 고개를 든다

아버지 파이팅!

수박

누가 뿌린 씨앗인지도 모른 채
가슴에 담아 키우며
속이 빨개졌다

이글대는 태양 아래
검푸른 줄무늬 속으로 파고드는 선혈
빨간 속을 감추느라
까만 점이 배겼다

문상

긴 시간을
말없이
빗속을 달렸다

언덕 너머
둑으로 난 외길
위험을 느낄 겨를도 없이
눈물이 먼저 달렸다

슬픔이 너무 깊으면
눈물이 눈을 뜨는가

캄캄한 길이
대낮처럼 환하다

내 어린 날의 삽화

당산나무 아래서
뻥튀기 아저씨가 "뻥이요" 소리치면
동네 아이들은 몰려들고
나뭇가지에 앉아 있던 새들은 놀라서 날아갔다

풀무를 돌리는 아저씨의 손은 점점 바빠지고
당산나무가 느린 헛기침으로 참은 숨을 토해낼 때쯤
"뻥이요" 소리와 함께
살이 통통해진 강냉이가
영화관을 나오는 관람객처럼
오망자루 속으로 와르르 쏟아져 나왔다

고소한 냄새가 마을을 기웃거리면
순이네 쌀독도 열리고
반푼이 미경이는 놋수저를 들고 와 떼를 썼다
말린 가래떡과 옥수수, 누룽지가 길게 선 줄 뒤에
나는 빈손으로 오래 서 있었다

풀무가 점점 힘이 빠져가고
뒷산 저수지에 해가 빠질 때쯤에야
처마 밑에 매달려 있던 옥수수 종자씨가 생각났다

그날 밤
엄마의 회초리를 맞으면서도
하나도 아프지 않았다

바라나시*의 원숭이

힌두교 사원 옆에 있는
이슬람교 사원의 담장은
철조망도 모자라 쇠파이프로 둘려져
힌두 속에서 지켜진다
뼈에 가죽만 얹은 몸에
영혼도 읽어낼 깊고 푸른 눈을 부릅뜨고
이슬람을 감시한다

그 살벌함 속을
등엔 새끼를 업고
한 손엔 먹이를 든 채
온 가족을 이끌고 소풍 나온 바라나시의 원숭이
얼키설킨 전깃줄 사이를
긴 꼬리 감추고
유유히 넘나든다
힌두와 이슬람을 자유롭게 오간다

저희들의 뒤를 따르라는 듯

힌두의 황금사원으로 가자는 듯
이방인의 옷깃을 잡아끈다

---

*바라나시(Varanasi) : 인도 북부 갠지스 강 연안에 있는 도시. 힌두교 제일의 성지로, 많은 사원이 있다.

어머니의 눈물

찬비 속에 서서
입을 앙다물고 있는 목련 꽃봉오리
빗방울이 매달려 있습니다

마지막 이별인 줄도 모르고
힘겹게 치켜 피운 꽃망울 속에
빗방울을 머금고 있습니다

차마 다 떨어뜨리지 못하고
매달고 있는 눈물방울이
한없이 깊은 슬픔 쪽으로 기울어
눈가에 맺힙니다

도저히 믿을 수 없는
고요 속으로
툭, 그리움이 떨어져 멈춥니다

질그릇에 핀 꽃

어머니는 매일 아침
행주질로 질그릇에 윤을 내셨다

장맛을 보면
그 집 음식 맛을 알 수 있다며
질그릇에 담긴 간장과 고추장을
햇살에 널던 그 손

그 손을 묻고
삼년이 지나 질그릇을 들여다보니
온몸에 실금이 나 있다
주둥이가 부르트고
불룩 튀어나온 배가 뜨끈뜨끈하다
실금 사이로 장이 배어나왔는지
하얀 꽃이 피어 있다

꽃 한 점을 떼어 맛을 본다
꽃이 달다, 소금이 달다

먼 구원

몇 부 남지 않은 주보를 들고
물을 찍어 성호를 긋는다

미사보 사이로
검은머리와 하얀 머리가 삐죽 고개를 들어
눈을 맞춘다

성당 바닥의
먼지와 머리카락까지 구원하기 위해
미사복을 질질 끌며 입장하는
신부님

신부님이 지나간 자리는 언제나 깨끗하다

신부님은 주님의 말씀을 따르라 하는데
나는 자꾸
미사복의 얼룩에 눈길이 간다

제4부

마른 잎의 연가

홍도

괭이갈매기 떼가

붉은 울음 풀어 바다에 띄워놓았나?

파도가 밤새 그림을 그렸나?

낙조(落照) 위에 핀 한 떨기 꽃

심청이가 타고 온 연꽃 가마가 분명,

저러했으리라

명자꽃

해산한 딸의
젖꼭지 닮은 꽃망울
보일 듯 말 듯 묵은 가지 사이에
퉁퉁 불어 매달렸다

여기저기서
겨우내 참았던 그리움이
툭툭 터졌다

은행잎이 지던 날

하늘에서 노란 눈이 내린다
도로 위에 덧옷을 입힌다

바람이 몰고 온 노란 잉어 떼

늦가을 하늘에
은빛 비늘이 찬란하다

마른 잎의 연가

때로 몰려가고
때로 몰려오는 마른 잎들
햇살 속을 가르며
산책로 바닥에서 공중으로
파닥거리며 오르다가
바람보다 먼저
내리막길로
곤두박질쳤다가
다시 오르막길을 향하여
우르르 몰려다니다
무심한 이의 발길에 채이며
부스럭거린다
바람 따라 걷는다

하고 싶은 말이 있을까?
가고 싶은 곳이 있을까?

눈꽃

봄빛을 어지럽히던 눈꽃이
지루한 장마 끝의 햇살처럼
묻을 줄 모르는 그리움처럼
밤새
몰래 피었습니다

바람의 성가심도 몰라라
해님의 심술도 잠재우며
하얗게 피었습니다

봄을 기다리는 씨눈 위에
출렁이는 속삭임과 하나 되어
어깨 위의 무거운 짐
흰 보자기로 감추고
꿈인 듯
생시(生時)인 듯

그렇게 피었습니다

참새의 노래

느티나무 가지 위에서 참새가 지저귀는 까닭은
나무를 흔들기 위함이 아니요
느티나무 그늘이 좋아서도 아니다
오직 느티나무를 편안하게 잠들게 하기 위함이다

느티나무 가지 위에서 참새가 지저귀는 까닭은
나무와 참새가 살아 있음의 표시이며
행복을 부르는 몸짓이었을 뿐
억지로 느티나무를 잠들게 하기 위함은 아니다

구름 속에 가려진 태양을 깨우는 노래였을 뿐

산양

산양 한 마리가 뿔을 치켜들고
산 아래를 내려다본다
멀리 등산객을 실은 버스가
다리 위를 정신없이 드나든다

길게 늘인 하얀 수염 위로
큰 귀를 세우고
먹이를 구하기 위해
바위틈을 오가느라
발톱이 다 닳은 산양

산을 오르는
등산객의 수가 늘어날수록
더 이상 몰릴 곳이 없는 산양은
급기야
절벽을 뛰어내린다

묵은지

한때는 노란 속살로 꽉 채워져
은빛 칼날이 파고들기 어려웠다

밑동을 오려낸 다음
간신히 쪽을 냈을 때
굵은 소금이 군데군데 들어갈 수 있었고
소금물에 목욕을 하고서도
하룻밤을 지새야 야들야들해지던 배춧잎
젓갈로 간을 하고
고춧가루와 갖은 양념을 온몸에 두른 후에야
김치냉장고 속으로 들어가 쉴 수 있었다

가끔은 꺼내어
머리채 돌려 이리저리 휘둘러보곤
냉장고 속으로 다시 들여보내지면
또 숨죽여 살아야 했던 배추김치

봄동으로 만든

겉절이를 넣기 위해
비워져야 했고

물에 헹궈져
곰삭은 살갗은
삼겹살과 홍어를 싸서 먹기 좋아졌고
들기름에 둘려져 볶아지거나
된장찌개 속에 넣어졌을 때
온 식구의 젓가락이
묵은 배춧잎으로 쏠렸다

소나무와 칡

늘어난 쇠뜨기의 길이만큼
불어난 계곡의 물만큼
커진 칡
잎이 포개져 뒹굴고 있다

푸르다 못해 까매진 솔잎을
휘감은 칡넝쿨
꼿꼿이 머리를 들고
하늘을 덮을 기세다

솔향기에 취해
보이는 게 없는가 보다

수안보 벚꽃 터널

수안보 물탕길은 벚나무들의 천국

키재기를 하였는지
서로 훔쳐보며 자랐는지
몸집도 키도 비슷하게 자라 마주한 나무들
가지끼리 엉키어
도로 위에 터널을 만들었다

길손도, 차도
가던 길을 머뭇거리고
새들은 이 가지에서 저 가지로 몰려다니며 환호하는데
어쩌다 백목련 한 그루만
벚꽃 터널 속에 갇혀
꽃망울도 맺지 못하고 있다

이웃 마을은
온통 하얀 스카프를 두른 듯
목련꽃이 만개하였는데

두 마음

희고 긴 털 속에
커다란 귀를 늘어트린 말티즈가 나타나자
산동네 개들이 짖기 시작한다

말티즈가 고갯길을 넘어갈 때까지
"으르렁 컹컹"
짖어대는 것들
목에 줄을 감았다 풀었다 하며
부산을 떤다

크고 동그란 검은 눈으로
말없이 걸어가는 말티즈
목줄을 잡은
여인만 바쁘다

도도함일까?
주눅이 든 걸까?

옹달샘에 뜬 조롱박

속 알갱이 다 빼주고
옹달샘에 떠 있는 물바가지
반쪽은 어디에 있을까?

쪽배가 되어
산그림자를 싣고
강을 찾아 갔을까?

물의 꽁무니를 따라
자꾸 머리를 들이미는 물바가지
나일론 줄에 묶여
맴돌고 있다

놓아주고 싶다
놓아주고 싶다

노란 나일론 줄을 풀어주고 싶다

닮았다

둘레길을 오르는
애완견 패커니즈
혀를 길게 내밀고 할딱거린다
여자의 발걸음도 따라서 바쁘다

길을 벗어난 패커니즈
숲에서 오줌통을 비우고 진저리를 친다
목줄을 잡고 있던
여자의 그림자도 같이 떤다

뭉뚝한 꼬랑지를 끌고
뭉뚝한 여자를 끌고
길을 재촉하는 패커니즈

발걸음이 무겁다

만천홍(滿天紅)

짝 지을 수 없어
하나 될 수 없어
갈라놓았네

하얀 꽃술 속에
수줍음 감추고
겹겹이 쌓아올린 자존감
그 안에 머물고 싶어
그 미소 닮고 싶어
하늘 향해
만일(萬日)을 기도하다
붉게 물든 눈망울

두 팔 벌려 받친 가슴 위에
우물이 깊어지고

피고지네

참선

절간을 흔드는
빼꾸기 소리에 놀란
다람쥐 한 마리
뽀얀 속살이 드러나도록 닦아놓은
댓돌 위
흰 고무신 속에서
한참을
뒹굴다 간다

해설

소란스러운 교실에서의 성찰(省察)

남승원(문학평론가)

정홍진의 시집 『앞으로나란히』에 담긴 시적 공간은 극히 한정적이다. 누군가의 추억 속에서도 흔히 자리하고 있을 법한 초등학교 교실과 운동장, 그리고 그에 어울릴 만한 배경으로서의 산과 들이 바로 그것이다. 이는 낡은 앨범을 뒤적이는 것처럼 우리들을 편안하고도 익숙한 순간으로 손쉽게 이끈다. 고고학자라도 된 느낌으로 그렇게 시인의 안내를 따라 지나온 시간의 흔적을 더듬다보면 "1년 치 숙제"로 "운동장 한가운데" 그려진 "큰 오징어" 그림을 보고 슬며시 웃음이 터져 나오기도 하고(「바닥」), "운동회의 꽃"인 "청백계주"가 벌어지는 현장 속에서 덩달아 "온몸을 들썩이"게 된다(「청백계주」). 하지만 우리가 언제나 과거의 시간에만 얽매여 살지 않는 것처럼 꺼내진 앨범은 다시 먼지를 뒤집어쓰는 자리로 돌아갈 수밖에 없다. 작가의 경험과 기억에서 자유로울 수 없는 것이 문학적 특징의 한 부분임은 분명하지만, 과거의 사건들을 단순히 소재거리로만 다룬 문학작품의 경우 오히려 그 소재보다도 낮은 생명력을 가지는 이유 역시 여기에 있다.

그렇다면, 이제 『앞으로나란히』를 마지막까지 다 읽고 난 우리들은 어떤 결정을 내리게 될까. 분명한 점은 선뜻 책장으로 돌려보내지 못한 시집을 우리가 여전히 만지작거리고 있을 것이라는 사실이다. 그것은 자신의 내면으로 다가오는 일상들을 그저 "옮겨 적었을 뿐"이라는 시인의 말처럼, 추억 속의 흔한 장면을 마주하고 있을 때조차 그것을 바라보고 있는 시인 자신을 비롯하여 지금 이곳이라는 여과장치의 유동성에서 벗어날 수 없기 때문이다. 따라서 그의 작품에 등장하는 장면들은 생명력 없이 단순한 과거의 모습으로 박제되어 있는 것이 아니라, 끊임없이 변화하는 현실의 모습들과 오롯이 겹쳐져 있다. 동시에 이것은 그의 시 작품 전체를 조망하는 것이 가능한 시작 원리를 그대로 엿볼 수 있는 자리를 제공하기도 한다.

저 어린 배롱나무는 무엇으로 말할까?

분홍 빛깔로 말할까?

바람으로 말할까?
눈으로 말할까?
가슴으로 말할까?

멀고도 가까운 나의 아이야!

제 그림자 속에 쪼그리고 앉아
자꾸 남의 눈치만 보는

저 어린 배롱나무와
수화(手話)로라도 내통하고 싶다

—「배롱나무 생각」 전문

시인은 '어린 배롱나무'에 관심을 두고 있다. 이는 독자에게 시집 속 대부분의 작품들에 등장하는 초등학교 교실 속의 아이들을 쉽게 연상시킨다. 시인 역시 자연물을 소재로 등장시키는 일반적인 작품들과는 달리 대상에 대한 감상이나 자신만의 새로운 의미부여에 골몰하지 않는다. 짐작컨대 시인에게는 일상적인 공간임에 분명한 학교 교실에서 부딪치는 어린 학생들과 '배롱나무'가 동일시되고 있는 것이다. 앞에서 언급한 대로 바로 여기에서 우리가 정흥진의 시들을 보다 눈여겨보아야 할 이유가 생겨난다.

시인은 '배롱나무-아이'의 고유성에 대해 의심하지 않는다. 질문으로만 이어지는 1연과 2연을 통해 화자의 내면을 직접적으로 확인할 수 있는데, 그 무엇도 규정하지 않는 질문을 던짐으로써 결국 대상과 시인 모두가 동일한 수준에서의 고유성과 순수함을 갖춘 존재로 조우하게 된다. 이처럼 대상과 "수화(手話)로라도 내통하고 싶어" 하는 '시인'의 태도가 바로 단순한 추억의 회상 대신 거기에 담겨 있는 보다 본질적인 의미에 대한 자각으로 우리를 이끈다. 초등학교 교실을 통해 흔히 엿볼 수 있는 장면들에 대한 애정이 사실은 우리가 처한 현실의 부조리함 속에서 결핍된 것을 추구하고자 하는 심리에서 비롯된 것을 문득 깨닫는 순간으로 말이다.

아이보다 어른이 더 많은 입학식 운동장

누렁개가 끌고 온 리어카도 있고
장터에 내다팔 노랑병아리와 마늘쫑이 있고
머리만 한 손수건을 가슴에 달고
천둥벌거숭이처럼
이리 뛰고 저리 뛰는 아이들이 있다

네 줄로 세워놓으면

금세 여섯 줄을 만드는 어른들
여든한 번째 아이의 출석을 부를 때쯤
반은 누렁개와 놀고
반은 어른들과 논다

담장 밖
노란 저고리를 입은 개나리도
"저요, 저요!"
손을 든다

—「입학식」 전문

역시 우리 기억 속 초등학교의 흔한 입학 풍경이다. 같은 시기를 보낸 독자들이라면 비슷하면서도 한편으로는 저마다 다른 추억들을 떠올리며 흐뭇한 공감을 느끼는 것이 어렵지 않을 것이다. 하지만 앞에서 살펴본 대로, 시인은 자신이 그려낸 하나의 풍경이 단순한 추억 속의 대상으로만 다루어지지 않도록 시적 화자로서의 독점적 시선을 기꺼이 내려놓고 있음을 확인할 수 있다. "아이보다 어른이 더 많은 입학식"의 장면을 통해 처음부터 시인은 '입학'이라는 의미가 한정하는 역할과 범위를 벗어나고자 한다. 이어지는 2연에 나타나는 모습은 예전 입학식에서 흔히 볼 수 있는 장면이기도 하지만, 시인의 눈에 통제되는 대상으로서의 '입학식'을 보다 잘 묘사하고자 한다면 오히려 걸러내야 하는 여분이기도 하다. 하지만 '누렁개'와 '노랑병아리', '마늘쫑'까지 '입학식'의 공간 안으로 확대되고 있는 것은 '입학식'이라는 범주를 보다 확장하고자 하는 시인의 분명한 의도이다. 그 순간, 앞의 작품에서 그랬던 것처럼, 대상과 시인은 동일한 차원에 나란히 서게 되고 '입학식' 역시 구경하는 대상이 아니라 모든 구성원들이 관계하는 참여의 장으로 변모한다. "반은 누렁개와 놀고/반은 어른들과" 놀면서 '입학식'의 목적이 다소 어그러지는 3연의 상황 속에서도 우리가 웃음을 짓게 되는 이유가 여기에 있다. 그리고 '담장 밖의 개나리'까지도 기어이 '입학식'에 끌어들인 마지막 장면은 물질적 목표를 향해 한 치의 오차도 허용하지 않고 기계적으로 움직여야 하는 현실에 대한 각성과 맞닿아 있다.

추억의 공간을 통해 현실에 대한 각성에까지 이르게 만드는 바로 이러한 방식이 정홍진 시인의 특장이라고 할 수 있다. 흥미로운 것은 이것이 시적 의미를 이끌어내는 방식으로 명료하게 기능하기보다는 시인이 오랜 시간 동안 애정을 가지고 지켜봐온 자신의 생활 반경 속에서 자연스럽게 이루어지고 있다는 점이다. 어찌 보면 독자의 입장에서 '참여의 장'으로 뒤늦은 평가를 하게 되는 위의 장면에서 이미 시인은 '입학식'을 대상에 대한 차별 없이 '개나리'가

참여할 수 있는 것으로 바라보고 있는 것이다. 이 같은 시인 특유의 시선은 여행을 통해서도 다음과 같은 아름다운 장면을 이끌어낸다.

힌두교 사원 옆에 있는
이슬람교 사원의 담장은
철조망도 모자라 쇠파이프로 둘려져
힌두 속에서 지켜진다
뼈에 가죽만 얹은 몸에
영혼도 읽어낼 깊고 푸른 눈을 부릅뜨고
이슬람을 감시한다

그 살벌함 속을
등엔 새끼를 업고
한 손엔 먹이를 든 채
온 가족을 이끌고 소풍 나온 바라나시의 원숭이
얼키설킨 전깃줄 사이를
긴 꼬리 감추고
유유히 넘나든다
힌두와 이슬람을 자유롭게 오간다

—「바라나시의 원숭이」 부분

시인은 '사원'을 구경하러 간 곳에서 지나가는 '원숭이'에 보다 주목하고 있다. 이것은 어린아이에게서 흔히 볼 수 있는 것인데, 앞에서 언급한 대로 정흥진 시인 특유의 시선이기도 하다. 그러나 우리는 애초에 정해진 목적에서 곧잘 벗어나곤 하는 어린아이의 시선을 교정의 관점으로 바라본다. 나아가 그것에 이성이라는 이름으로 특정한 도덕적 관념이나 이상적 가치들을 주입시키기도 한다. 옳고 그름에 대한 판단이라는 미명 아래 행해지는 이 같은 기존의 시선은 "영혼도 읽어낼 깊고 푸른 눈을" 결국 스스로를 "철조망"과 "쇠파이프" 속에 가둔다. 그 속에서는 종교마저 우위를 가진 것으로 평가되며, 강요되고 "감시"되어야 할 가치의 기준으로 이용된다. 그러나 이 작품에서 볼 수 있는 것처럼 '원숭이'는, 나아가 원숭이를 바라보는 시인의 '시선'은 기존의 가치관에 전혀 구애됨이 없다. 오히려 "그 살벌"한 경계를 일순간에 무너뜨리고 우리들이 가지고 있던 공고한 '가치관'들을 무장해제시키고 만다. 그것도 '소풍'을 나오듯이 그저 '새끼를 업고 먹이를 든' 일상의 모습을 통해서 말이다.

'교실'이 흔히 가정과 더불어 자연스러운 인간의 욕망과 구체적인 사회적 기준들이 만나고 충돌하는 지점으로 여겨지는 것처럼, 이는 눈앞에 우연히 벌어진 일이기도 하지만 동시에 다분히 상징적인 장면이기도 하다. 단순하면서도 당연하게 일어나는 사소한 교육적 지도들이 실상은 세계를 좌지우지하는 불변의 기준이나, 때로는 목숨을 걸고서라도 지켜내야 할 상징들을 떠받치고 있는 셈이다. 하지만 이와 같은 '교실'을 통해 체득한 시인의 태도는 그 내부에서 적용되는 기준들을 공고하게 만들기보다 오히려 '교실'에 부여되는 경계와 규준들을 "유유히 넘나든다". 결국, 시인이 펼쳐 보이는 '교실의 상상력'은 한정적 공간으로서의 '교실'을 입체적인 공간으로 탈바꿈시켜놓는다.

종업식이 끝난 교실 칠판이 떠들썩하다
아이들은 칠판 속에 크리스마스트리를 만들어
큼직한 양말을 매달고
금박지로 만든 종과
형형색색의 별도 그려 넣는다
여백마다
깨알같이 써 내려간 이름 위로
하얗게 눈이 내리고
창밖 눈사람도 함께 놀고 싶은지
교실 안을 기웃거린다

—「즐거운 칠판」 전문

휴일이나 방학 등 수업을 진행하지 않을 때, 교실은 그

목적과 활기를 급속하게 잃어버린다. 아무도 없는 학교나 교실이 종종 공포영화의 배경으로 등장하는 것도 같은 이유에서이다. 상징적으로 본다면 빈 교실이라는 것은 구성원들이 모두 빠져나가고 그곳에 적용되던 원칙과 제도로만 가득 찬 공간이라고 할 수 있다. 따라서 빈 교실이 우리에게 막연한 공포를 유발하는 것은 우리가 지켜야 할 사회적 가치나 기준들이 사실은 그만큼 끔찍하다는 우리의 무의식에서 기인한다.

하지만 시인에게는 "종업식이 끝난 교실"도 여전히 "떠들썩"한 공간이다. 특히 이 작품에서 '교실의 상상력'을 이끄는 매개로 '칠판'이 등장한 것은 의미심장하다. 작품 안에서도 그려지고 있지만, 실제 교실에서 칠판은 중심적인 기능으로 배치되며 따라서 아이들을 자연스레 끌어 모으는 역할을 한다. 그러나 수업시간 동안의 칠판은 교실에 부여되는 기존의 목적과 가치관을 구현하며 종종 아이들을 억압하는 기제로 사용되기도 한다. 그러다가도 쉬는 시간이 되면 모두 간직하고 있을 법한 기억 속에서처럼 백묵으로 낙서를 하며 즐기는 대상이 된다. 이처럼 칠판은 목표를 가지고 진행하는 수업시간에만 한정되지는 않는다. 오히려 쉬는 시간의 칠판이야말로 구성원들 모두의 자발적인 참여를 이끄는 존재가 된다. "종업식"도 끝나 그 기능적 목적을 완전히 내려놓은 공간 속에서도 여전히 "떠들썩"한 참여의 순간들을 환기하고 있는 '칠판'이 바로 시인이 주목하고 있는 '교실'의 모습을 대변한다. 이처럼 쓰기와 지워지기를 반복하며 또 옅게나마 그 흔적들을 고스란히 간직하고 낡아가는 칠판을 통해 시인이 보여주는 '교실의 상상력'은 보다 입체화된다.

이 같은 상상력은, 어린아이들이 그런 것처럼, 평범한 일상의 모습에도 활력을 부여한다. 가령, 아무 의미 없는 삽화에 불과한 네 자매의 모습을 그리다가도 다소 엉뚱하게 "큰언니 유두"나 "싸맨 몸을 뚫고 나온 배"(「성환 2012」)에 주목함으로써 희극적인 활력을 불어넣는 것처럼 말이다. 하지만 이 같은 시인의 상상력에 우리가 주목하는 이유는 시적 기법으로서의 유용성이나 또는 막연히 말해지는 어린아이의 순수함을 표방하고 있기 때문만은 아니다. 무엇보다도 먼저 끝없는 내면의 성찰에서 나왔을 것이 분명한 '낮은 시선'에 대한 신뢰감 때문이다.

성당 바닥의
먼지와 머리카락까지 구원하기 위해
미사복을 질질 끌며 입장하는
신부님

신부님이 지나간 자리는 언제나 깨끗하다

신부님은 주님의 말씀을 따르라 하는데
나는 자꾸
미사복의 얼룩에 눈길이 간다

—「먼 구원」 부분

'성당'이라는 엄숙한 공간에서도 시인은 전형적인 어린아이의 태도를 보여준다. "구원"이라는 그야말로 절대적인 목표 아래서도 전혀 주눅 들지 않는 시선은 웅장한 성당 건물이나, 거룩한 말씀을 전달하는 신부님의 입 어디에서도 찾을 수 없었던 진정한 가치를 마침내 발견하게 된다. 다름 아니라 우리와 가장 가까운, 그리고 가장 낮은 곳에서 "먼지와 머리카락까지 구원하기 위해" 최선을 다하고 있는 "미사복"에서 말이다. 엉뚱하게도 "미사복의 얼룩"에 "눈길"을 준 시인이 아니었다면 알 수 없었던 이 같은 시선을 통해 우리는 강제하는 가치의 속박에서 벗어나 모두가 참여하는 즐거운 공간에 문득 서게 된다. 시인이 표방했던 '초등학교 교실'의 모습처럼 말이다.

시적 대상의 단순한 묘사에 그친 몇몇 작품들은 앞으로 정흥진 시인의 숙제가 될 것이다. 하지만 그런 순간조차 시인에게 관찰을 멈추라고 종용하기보다는 오히려 어린아이처럼 쉴 새 없이 움직이는 시선들이 더 많아지기를 기대하는 것이 올바르다는 것을 우리는 이미 알고 있다. 시인이 보여주고 있는 것처럼 강제성을 벗어난 곳에서 가장 의미 있고 아름다운 모습의 탄생이 가능하기 때문이다. 정흥진 시인이 걸어갈 앞으로의 시적 과업이 기대되는 이유가 바로 여기에 있다.

이 도서의 국립중앙도서관 출판시도서목록(CIP)은 서지정보유통지원시스템 홈페이지(http://seoji.nl.go.kr)와 국가자료공동목록시스템(http://www.nl.go.kr/kolisnet)에서 이용하실 수 있습니다. (CIP제어번호: CIP2013020599)

전당시선 002
앞으로나란히
© 정홍진

초판 1쇄 인쇄 2013년 11월 11일
초판 1쇄 발행 2013년 11월 18일
지은이 정홍진
펴낸이 김석봉
책임편집 이현호
디자인 조동욱
펴낸곳 문학의전당
출판등록 제311-2012-000043호
주소 서울시 은평구 연서로11길 7-5 401호
편집실 서울시 마포구 공덕2동 404 풍림VIP빌딩 413호
전화 02-852-1977
팩스 02-852-1978
블로그 http://blog.naver.com/mhjd2003
전자우편 sbpoem@naver.com

ISBN 978-89-98096-50-2 03810